280ᵉ COLLECTION HOLLANDAISE

ESTAMPES

XVIIᵉ ET XVIIIᵉ SIÈCLES

SUJETS ET PORTRAITS

SUR LE RÈGNE DE

Louis XVI, Marie-Antoinette
Prise de la Bastille

PIÈCES EN COULEUR

Par DEBUCOURT, JANINET, LECŒUR

CARICATURES RARES ET INTÉRESSANTES DE L'ÉPOQUE

DESSINS ANCIENS

VENTE

LE SAMEDI 20 NOVEMBRE 1869

EXPOSITION AVANT LA VENTE

Mᵉ **DELBERGUE-CORMONT**
Commissaire-Priseur.

M. **VIGNÈRES**
Mᵈ d'Estampes.

PARIS — 1869

CLERGÉ CONTEMPORAIN

PETITS PORTRAITS GRAVÉS A CLAIRE-VOIE

PETIT PAPIER, A 50 CENTIMES CHAQUE

Le Solitaire.
Affre.
Allignol (Aug.-Vital).
Allignol (Charles Régis).
Annat.
Arnaldi.
d'Astros, archevêque de Toulouse.
Baronnat.
Bautain.
Belmas.
De Bervanger,
Blanquart de Bailleul.
De Bonald.
De Boulogne.
Bourrel.
Bouvier.
Boyer.
Brumaud de Beauregard.
De Chamon.
Chartrousse.
Chatel.
Chatenay.
De Cheverus.
Clausel de Montals.
Cœur.
Collin.
Combalot.
Coquereau.
Croï (prince de), cardinal.
Darcimoles, évêque du Puy.
Débelay.
Deguerry.
Demeuré.
Deperry.
Desgarets.
Devie.
Donnet, archevêque de Bordeaux.
Droste-Vischering, év. de Cologne.
Dufetre.
Dupanloup.
Dupont, cardinal.
Dupont-des-Loges.
Emery.
Fayet.
De Feletz.
Fesch, cardinal.
De Forbin-Janson.
Frasey, curé.
Frayssinous.
De Genoude.

George.
De Geramb.
Gousset.
Graveran.
Grégoire.
Grégoire XVI.
Grivel, aumônier de la Ch. des Pairs.
Guillon, évêque de Maroc.
Le Guillou.
Hohenlohe (le prince).
Lacordaire.
De La Mennais.
Laroque.
De La Tour-d'Auvergne.
Lemaire.
Letourneur.
Liautard.
Lyonnet.
Madrolle.
Magnin.
Mai, cardinal.
Manglard.
De Mazenod, évêque de Marseille.
Merault.
Migne.
Moignot.
Morlot, archevêque de Tours.
Naudo.
Olivier.
Pacca, cardinal.
Paravey.
Parisis.
Pelier de la Croix.
Perboyre.
Picot.
Pie IX.
Prompsault.
De Quélen.
Raillon.
De Ravignan.
Rey.
Robin.
Rœss.
De Rolleau, curé de N.-D. de Lorette.
De Sausin.
C. de Schmid.
L'abbé Sieyès.
Souquet de Latour.
Thibault.
De Veyssière.

CATALOGUE

D'UNE COLLECTION HOLLANDAISE

ESTAMPES ANCIENNES

XVIIᵉ ET XVIIIᵉ SIÈCLES

CURIEUSE RÉUNION DE SUJETS ET PORTRAITS RARES DU TEMPS

SUR LE RÈGNE DE

Louis XVI, Marie-Antoinette
Prise de la Bastille

PIÈCES EN COULEUR

Par DEBUCOURT, JANINET, LECŒUR

CARICATURES RARES ET INTÉRESSANTES DE L'ÉPOQUE

DESSINS ANCIENS

DONT LA VENTE AURA LIEU

HOTEL DES COMMISSAIRES - PRISEURS

RUE DROUOT, 5, SALLE N° 7

Le Samedi 20 Novembre 1869

A UNE HEURE PRÉCISE

Mᵉ DELBERGUE-CORMONT, Commissaire-Priseur,
rue de Provence, 8,
Assisté de M. **VIGNÈRES**, Marchand d'Estampes,
rue de la Monnaie, 13, à l'entresol,
CHEZ LEQUEL SE DISTRIBUE LE PRÉSENT CATALOGUE.

PARIS — 1869

CONDITIONS DE LA VENTE

Les attributions de l'amateur ont été conservées pour les dessins.

L'ordre du Catalogue sera suivi.

Elle sera faite au comptant.

Les Acquéreurs paieront CINQ POUR CENT en sus du prix d'adjudication.

M. VIGNÈRES, dirigeant la vente, se charge des Commissions.

NOTA. Toute commission sans prix fixé ou sans limite déterminée sera regardée comme nulle.

M. VIGNÈRES se charge de faire marquer les prix aux Catalogues des ventes qu'il a faites. Les personnes qui le désirent peuvent s'adresser à lui *franco.*

Plusieurs Amateurs éloignés en ont reconnu l'utilité pour les guider dans leurs achats sur les valeurs des Estampes.

Les Catalogues des Ventes à faire seront envoyés à toute personne qui en fera la demande *affranchie.*

AVIS. — Nous prions MM. les Amateurs éloignés de ne pas attendre au dernier jour, pour que les lettres arrivent le matin de la vente ; ils comprendront que quelques lettres peuvent se lire, mais de 20 à 50 lettres, c'est difficile.

Choix de Catalogues avec prix marqués

ESTAMPES ANCIENNES

XVIIe ET XVIIIe SIÈCLES

1 **Anonyme**. Planches pour démontrer la su-
périorité des pompes à boyaux sur les anciennes; vues des expériences faites en 1662, etc.,
sur des monuments et des vaisseaux. 24 pièces.

2 **Berghem**. Les quatre Parties du jour de Dan-
ckers; Bergeries; Bestiaux par Visscher et
autres; fac-simile de dessins et eaux-fortes.
28 pièces.

3 **Bois anciens**. Termes pour cariatides très-
riches, chez Marcorelle à Lyon, 1572; et Saint
Jérôme dans sa cellule, 1520. 35 p.

4 **Bonnet**, d'ap. Le Prince. Femme de chambre
russe et autres costumes de dames, fac-simile
aux crayons rouge et noir. 3 p. très-belles.

— Paysages pittoresques avec chaumières
d'ap. Sarrazin. 4 p. à la sanguine.

5 **Bouchardon**. Études prises dans le bas peuple, ou les Cris de Paris, 1re suite, 12. —
2e suite, 1737, 12. — 3e suite, 1738, 11. —
4e suite, 1742, 12. — 5e suite, 1746, 12. En tout
59 p. très-belles ép., marge.

6 Boucher (d'ap.). Les Cris de Paris. 11 p., belles ép., marge.

7 — La Blessure sans danger, par *Miger*, belle.

8 — La Pêche, la Danse et la Foire chinoise; 3 grandes pièces et autres. En tout, 8 pièces.

9 Brill (d'ap. P.). Fête dans un parc avec jolis costumes. Les Moissonneurs, etc. 3 p.

10 Callot (d'ap.). L'Eventail, grotesques, fantaisies, etc. 27 p.

11 Chevillet. La bonne Mère sans souci, d'après *Wille* fils ; sup. ép., toute marge.

12 Delafosse. Ornements, allégories, cartels, trophées, etc. 17 p.

13 Delaunay. La Chute dangereuse, d'ap. *Meyer*, sup. épr., marg.

14 Desrais. Suite des nouvelles Modes françaises depuis 1778, dessinées d'après nature. Dame de qualité en grand habit, robe de cour, habillement d'hiver galant, et autres ; petit Maître, etc. 9 p., toute marge, très-rares.

15 Dietricy (d'ap.). Les quatre Ruines romaines, par *Delaunay*, et autres. 5 pièces, superbes ép., marge.

16 Dujardin. Les Chiens, les Mazettes. 2 p., anciennes épr.

17 Engelbrecht. Marie-Thérèse en pied et à cheval, Elisabeth Petrowna, Maillebois et autres. 10 p. col., rehaussées d'or.

— Costumes de Houssards de la mort, Pandours, Croates, Varasdins, Tolpaches, etc. 40 p. coloriées et plusieurs rehaussées d'or.

18 **Everdingen.** Paysages à l'eau-forte 6 p.,
toute marge.

19 **Fokke** et autres. Vues d'Amsterdam, Utrecht,
etc. 23 pièces.

20 **Fragonard** (d'ap.). La Culbute, par *Charpen-
tier*. Jolie pièce, superbe épreuve en bistre,
marge.

21 **Francisque** (d'ap.). Paysages à l'eau-forte.
10 p.

22 **Goyen** (d'ap. Van.). Marines [et paysages.
12 p.

23 **Gravelot** (d'ap.). Le Maréchal, le Repas des
moissonneurs. 2 charmantes] pièces sanguine
par *Janinet*, toute marge.

24 **Greuze** (d'ap.). Le Fermier brûlé, par *Charpen-
tier*. Fac-simile de dessin, très-belle ép.

25 **Gronsvelt.** Paysages à l'eau-forte. 9 p.

26 **Hackert** (d'ap.). Vues dans le port de Dieppe ;
Maison de pêcheurs, et autres vues de Normandie. 5 p.

27 **Huysum.** etc. (d'ap.). Paysages. 5 p.

28 **Janinet.** Restes du Palais du pape Jules, d'ap.
Robert, en couleur.

29 **Lairesse** (Gérard de). Sujets bibliques, religieux, mythologiques, allégories historiques,
etc. 36 pièces, par et d'après.

30 **Leeuwen.** Bouquets et fleurs. 5 p. à l'eau-forte
et coloriées, rares.

31 **Le Potre.** Palais, panneau d'ornements ; Palais, côté du parc, par *D. Marot*. 3 p.

32 **Le Prince**. La cascade, le coche d'eau, les là veuses, les pêcheurs, la récréation champêtre, etc. 8 p. en bistre, superbes ép.

33 **Le Veau**, etc. Vues d'Utrecht, in-folio, très-belles épreuves, marge. 7 pièces.

34 **Lucas de Leyde**. Les Musiciens, belle ép., marge. (B. 155.)

35 **Luyken**. Les plaies d'Egypte. 2 p.

36 **Major** (Isaac). Paysages sauvages, torrents, rochers, chute d'eau, etc. 9 pièces, toute marge.

37 **Metzu** (d'ap.). La Riboteuse hollandaise par *Daullé*. La Hollandaise studieuse, par *Pelletier*. 2 pièces, superbes épreuves, toute marge.

38 **Meyering**. Paysages à l'eau-forte. 8 p.

39 **Moucheron** (d'ap.). Intérieurs de parcs avec statues 3 p.

40 **Netscher** (d'ap.). Le Jeu de piquet; belle ép., marge.

41 **Ornements**. Intérieurs avec meubles, d'Haberman, Trophée de Salambier, Cheminées françaises de Croaz, Gaînes de Grandhomme, Deneuforge, Fleurs de Baptiste, etc. 28 p.

42 **Ostade** (d'ap.). Tabagies, la Fileuse, la Danse au cabaret, de *Wisscher*, etc., et d'après Bega. 10 p.

43 **Ozanne** (Jeanne-Marie). Paysages et Marines. 4 p. très-belles.

44 **Perelle**. Paysages de divers formats. 70 p.

45 **Picart** (B.), et d'ap. Cochin, Gravelot, Maril-
lier, etc.

46 **Pillement** (d'ap.). La petite Famille et autres
paysages. 9 pièces, sup. ép., marge.

47 **Potter**. Le Vacher, la Planche réduite, et autres
d'après lui. 4 p.

48 **Raoux** (d'ap.). Les Vestales; magnifique ép.,
toute marge avant la dédicace, par *Jonxis*.

49 **Rembrandt**. Abraham et son fils, Pierre et
Jean. Présentation au Temple et autres, par et
d'après; 16 p.

50 **Ridinger**. 1742. Animaux études, Têtes de Re-
nards, Lions, Loups, Chiens 12; Cahiers de
6 Chiens, de 6 Lions, de 6 Cerfs et autres, etc.
35 petites pièces in-4, très-belles ép.

51 — Jagtbare Thiere. Suite de chasses de divers
animaux. 22 pièces petit in-fol., ceintrées du
haut, très-belles ép.

52 — Animaux sauvages avec les pas des pattes.
23 p., petit in-fol., très-belles ép.

53 — Chiens, Chevaux, Chasses, Oiseaux, etc.
20 petit in-fol.

54 — Grandes chasses et équitation. 20 p. in-fol.,
très-belles ép.

55 **Rigaud**. Marines, départ des vaisseaux de la
rade de Toulon, Fête des galères dans le port de
Marseille, etc. 11 p.

56 **Rubens** (d'ap.). Philémon et Baucis, Chasse
au sanglier, paysages par *Bolswert*. 5 p.

57 **Saint-Non**. Monuments de Rome et Parcs avec
ruines à l'eau-forte et en bistre 6 p.

58 **Schenck** (P.) 1701. Les mois de l'année. 11 p., manque septembre, petits paysages.

59 **Silvestre** (d'ap.). Vues de Paris et de France, par *Perelle*. 11 p.

60 **Spilman** 1746. Vues de Cleves et autres. 16 p.

61 **Teniers** (d'ap.). Récréation flamande, Fête villageoise et autres. 15 p.

62 **Vanderneer** (d'ap.). Effets de lune, Soleil levant et autres. 5 pièces, très-belles épreuves, marge.

63 **Weirotter.** Fontaine près de Meulan, Marines et paysages. 9 pièces.

64 **Velde** (A. Van de). Suite de 10 p., différents animaux. B. 1 à 10.

65 **Velde** (d'ap. V. de). La Chasse royale, le Déclin du jour, Promenade du prince d'Orange. 3 p.

66 **Vernet** (d'ap. Joseph). La Pêche à la ligne, les Pêcheurs corses, Environ de Bayonne ; 3 p.

67 **Vignettes** pour la Bible et Nouveau Testament. 29 p.

68 — par Jonxis, Winkeles, de Wit, etc., pour divers ouvrages in-8. 80 p.

69 **Wille.** Tricoteuse hollandaise, très-belle ép.
— Sœur de la bonne femme de Normandie, très-belle ép., toute marge. Mort de Cléopâtre et autres. 5 pièces.

70 **Vinkeles** 1764. Académie de dessin, d'ap. nature. 3 ép. différentes, le modèle étant changé de pose.

71 **Wit** Jx (J. de) 1799. Vues de Harlem et environs, en bistre. 12 p. Paul Vincent et Barbara Jansen, 1794, etc. En tout 21 p.

72 **Worlidge**. Têtes à l'eau-forte et autres. 5 p. par et d'après.

73 **Wouvermens** (d'ap.). Départ pour la chasse au vol, par *Moyreau* et autres scènes et sujets de chevaux. 9 p., très belles ép.

74 **Ecole Anglaise**. Morning, d'ap. Both. — Vue près Maestricht, d'ap. Cuyp. 2 p. in-fol., très-belles ép.

75 **Ecole Flamande**. Paysages d'ap. Ruisdal, eaux-fortes et autres de Zingg, Vivarès, etc. 39 p.

76 — Tabagies et sujet d'ap. Gerard-Dow, Myeris, Terburg, Bloemœrt et autres. 23 p.

77 **Ecole Française**. Marines d'ap. Mettay, Paysages de Patel, d'ap. Poussin et autres. 21 p.

78 **Ecole Italienne**. Paysages d'ap. Zucarelli, Sujets militaires d'ap. Simonini, Animaux et autres. 32 p.

79 Planches pour un ouvrage de science, architecture, Électricité, etc. 30 p.

PORTRAITS

80 **Alix**. Diderot — Helvetius. 2 portraits ovales in-fol. en coul.
— Mirabeau. — Raynal. 2 portraits ovales. in-fol. en couleur, superbes ép. Avant la lettre

81 **Balechou**. Don Philippe, infant d'Espagne. In-fol., très-belle ép., toute marge.

82 **Claessens**. Mme Elisabeth de France, d'après *Sicardi*. In-8, superbe ép.

— Marie-Antoinette, Louis XVI, Louis XVII, sa sœur. 4 portraits in-8, avec des larmes aux angles, rares.

83 **Ecole Anglaise**. Portraits en manière noire, d'ap. Reynolds, Kneller. etc. 8 p.

84 **Edelinck**. Edouard Colbert de Villacerf. In-fol. collé.

85 **Forster**. Alber Durer, d'après lui-même. Superbe ép., marge.

86 **Houbraken** 1749 (J.). Son portrait in-4, par lui-même.

— Marie-Louise de Hessekassel. — Marie et Guillaume II, prince d'Orange. 3 p., petit in-fol., sup. ép.

— Personnages célèbres de Hollande, Ministres, Présidents, etc. 20 p. in-8, in-4 et in-fol., superbes ép.

87 **Janinet**. Francklin. Ovale in-fol. en coul.

88 **Larmessin**. Turenne. In-4, dans un entourage de *Meissonnier*, magnifique ép.

— Stanislas I. roi de Pologne, en pied. In-fol., d'ap. *Vanloo*.

89 **Melini**. Charles Emmanuel II, roi de Sardaigne, avec la bataille de Guastalla; en bas. Sup. ép., toute marge.

90 **Saint-Aubin**. Louis XVI la Reine et le Dauphin, Madame, Louis XII Henri IV et Louis XVI. 3 médaillons grand in-8, belles ép.

91 **Suyderhoef**. Isabelle, Claire, Eugénie, d'après *Rubens*. In-fol.

92 Portraits de célébrités diverses. 46 p., 2 lots.

93 Portraits de Bonneville et autres. 9 p.

PIÈCES HISTORIQUES

PORTRAITS CURIEUX ET RARES SUR LE RÈGNE DE LOUIS XVI.

PRISE DE LA BASTILLE.

94 Assassinat d'Henri IV, par Ravaillac, anonyme ; petit in-fol., rare. — Henri IV jouant avec ses enfants et recevant l'ambassadeur d'Espagne, par *Reckleben*. — Henri IV et Sully, après la bataille d'Ivry et autre. 4 p.

95 **Bartolozzi**. La mort du comte de Chatam, d'après *Copley*. Grand in-fol., avec la feuille explicative des noms.

96 **Copia**. Le Porte-drapeau de la fête civique. — Le maréchal ferrant de la Vendée. 2 p., in-fol. belles.

97 **Debucourt**. Almanach national, charmante composition avec figures, costumes de l'époque 1791, pour cadre de l'almanach qui y est collé. Superbe épreuve en couleur d'une pièce très recherchée.

98 **Debucourt** (d'ap.). Vive le roi avec le portrait de Louis XVI, récit d'un invalide chez un fermier de la haute Normandie; sup. ép. — Le même sujet, le portrait de Louis XVI, remplacé par les préliminaires du traité de Paix, le portrait du général Bonaparte en pendant de la République, sont sur la muraille. 2 p. avec marge.

99 **Eau-forte**. La prise de la Bastille ; grand in-fol., marge.

100 **Girardet** (d'ap.). Assemblée des notables, Lit de justice, la Cour des aides, Séance extraordinaire, Arrestation de Dépremenil, Incendie sur le Pont-Neuf, Rassemblements, Fusillade et autre. 9 p. petit in-fol., marge.

101 **Green**. La mort de Marie Stuart, manière noire, lettre grise.

102 **Janinet**. Projet d'un Palais de Législature, d'après Gilbert; in-fol. en couleur. Superbe ép. rare.

103 — Projet d'un monument à ériger pour le roi par de Varenne et Janinet; in-fol. en coul avec fig., en costumes du temps. Superbe pièce, très-belle ép.

104 **Koning**. Monument pour Paris 1789, les portraits de Louis XVI en haut, Necker en bas, quatre scènes de la révolution et au milieu le retour de M. Necker. In-fol., superbe épreuve rare.

105 **Le Clerc** (d'ap.). Allégorie du Mariage du duc de Bourgogne; belle ép.

106 **Le Cœur**. Bal de la Bastille. Ici l'on danse. Superbe pièce en couleur avec costumes, d'ap. *Swebach;* magnifique ép., marge.

107 **Le Mire**. Louis XVI. — Marie-Antoinette. 2 médaillons entourés de figures allégoriques, charmantes compositions, d'après *Moreau;* superbes ép.

108 **Luyken**. Combat en chambre de Jacques VI, roi d'Ecosse en 1600; sup. ép.

109 **Monnet** (d'ap.). Les vœux du peuple confirmés par la religion; in-fol., marge, très-belle ép.

110 **Parizeau**. Henri IV, chez Michau; in-fol. en couleur, très-belle ép.

111 **Philippe** (Pierre). Repas royal de Charles II, roi d'Angleterre et sa Cour; in-fol., très-rare.

112 **Prudhon** (d'ap.). Constitution Française; in-fol., par *Copia*, superbe ép.

113 **Ransonnette**. Henri IV, ramené au Louvre après sa mort; grand in-fol.

114 **Sergent**. Monsieur frère du roi; in-4 en coul., superbe ép.

115 **Vangorp** (d'ap.). Les douceurs de la fraternité; superbe ép., marge.

116 *Charette*. Dessiné à son arrivée à Nantes, in-4, en fac-simile de dessin, il est de face, coiffé d'un chapeau; très-rare.

117 *Corday* (Charlotte). Au bas elle assassine Marat; grand in-8, par Massol, d'ap. *Queverdo,* superbe ép., marge.

118 **Custine**. Ovale en couleur, par *Alix*, par *Co-queret*, pour Levachez, autre de Bonneville. 3 p.

119 **Dumouriez**. Deux différents, Duval d'Epremenil. 3 p. in-4, superbes ép.

120 **Marie Antoinette** d'Autriche, reine de France, petit médaillon très-joli; autre in-8, en Angleterre et Louis XVI en pendant; lith. par Maurin, in-fol. 4 p.

121 — Et Louis XVI. Portrait surmontant la scène de leur exécution. 2 p., grand in-8, très-rare.

122 — Louis XVI et le Dauphin, en couleur d'après Sauvage, publ. à Londres; jolie p. grand in-8.

123 **Louis XVI**. Roi d'un peuple libre, en pied, au fond la Bastille en démolition. Ovale, in-fol. en couleur par *Duchemin* d'ap. Caresme; superbe ép., rare.

124 — Roi des Français, couvert du bonnet de la Liberté que la nation lui présenta le 20 juin 1792. Charmant petit médaillon en couleur, superbe ép. très-rare.

125 — Nouveau Pacte de Louis XVI avec le peuple, il est en pied, coiffé d'un bonnet rouge, tient une bouteille en disant : *vive la nation*, il a deux cocardes. Charmante pièce en bistre rehaussée de rouge et de bleu; petit in-fol., très-rare, superbe ép., marge.

126 — En buste, roi des Français, coiffé du bonnet rouge, en bistre et colorié; in-4, très-belle ép.

127 — En bustre in-4, à l'eau-forte, il a le bonnet
rouge qui est colorié ainsi que la cocarde. *Le
Mire*, d'ap. *Moreau* extrêmement rare chez l'au-
teur, rue des Augustins; superbe ép. marge.

128 — Médaillon sur une pyramide, par *Saint-
Aubin*, autre par *Pfeiffer*, etc. 3 p.

129 — Donnant un écu à un balayeur, pièce cu-
rieuse du temps, coloriée superbe.

130 — Reprenant Necker, jolie pièce ovale en travers
in-4, avec texte Hollandais, en bistre rare.

131 — Patience..... Ça ira y n' faut qu' s'entendre;
jolie pièce en bistre, superbe ép.

132 — Allégorie sur le retour de Necker, en couleur, par *Verite*; rare, très-belle ép.

133 — Vertu surmonte tous obstacle, allégorie avec
le buste de Necker; superbe épreuve en bistre,
rare.

134 — La France reçoit des trois ordres les vœux de
toute la nation, avec les portraits de Louis XVI et
Necker, en bistre, superbe ép.

135 L'espoir du Français. — Le présage de la Féli-
cité. — Le compte-rendu. 3 p. in-4, sur Necker,
très-belles ép.

136 Le Rappel de M. Necker par *Gaucher*, sup. ép.,
allégorie, Louis XVI, recevant M. Necker des
mains de la France, sous les traits de la Reine.

137 Vive le roi, par Augustin Legrand; superbe
ép. d'ap. *Debucourt*.

138 Convoi de très-haut et très-puissant seigneur des
abus, mort le 4 mai 1789; jolie pièce en bistre
superbe ép., rare.

139 Soirée du 30 juin 1789, au Palais-Royal; belle
pièce, rare.

140 Siége de la Bastille, par *Germain*; in-fol. en manière noire, avec le plan au bas, superbe ép.
rare.

141 Prise de la Bastille, avec arrestation de M. Delaunay. 1 état avec 2 canons à gauche, tirant
vers la droite, très-rare.

142 La même, le côté gauche changé, il y a sept fu-
silliers tirant des coups de fusils ensemble, rare.

143 Démolition de la Bastille, peut faire pendant au
précédent; superbe ép.

144 Arrestation du Gouverneur, in-4 ovale en travers
avant toute lettre; toute marge.

145 Première attaque de la Bastille; en bistre,
superbe ép.

146 Prise de la Bastille; petit in-fol., chez *Janinet*,
belle ép.

147 Vue de la Bastille, derrière les fossés du fau-
bourg Saint-Antoine, à l'instant où l'on dispo-
sait l'attaque; ovale, in-fol. en travers, en bistre,
superbe. ép., rare.

148 Vues et prise de la Bastille, eau-forte gr. in-fol.
et autres, in-4. 4 p.

149 Prise de la Bastille, dessiné sur les lieux par un
amateur distingué; eau-forte, in-fol., colorié,
imitant une aquarelle extrêmement rare.

150 Journée mémorable du 14 juillet 1789, les têtes
de M. Delaunay et Flesselle, promenées sur la
place de Grève; belle pièce, petit in-fol. en bistre,
très-rare.

151 Journée mémorable, 17 juillet 1789 : arrivée de
Louis XVI, à l'Hôtel de Ville. Très-belle pièce,
superbe ép. en bistre, très-rare.

152 Départ de la Milice pour Versailles, 5 octobre
1789. — Entrée du roi à Paris, 6 octobre 1789.
2 p. grand in-fol., coloriées, imitant l'aquarelle,
par un amateur distingué, très rares.

153 Les Têtes des gardes du corps, portées en
triomphe, 5 octobre 1789; coloriée, marge, rare.

154 La Lanterne de la place de Grève; pièce en bistre,
rare.

155 Contrition, pénitence de M. Favras, en 2 sujets
sur la même feuille; Supplice de Foulon. 2 p.,
rares.

156 La honte du forfait n'est que pour le coupable;
in-4 et autre in-fol. 2 p. sur les frères Agasse,
superbes ép.

157 Massacre de la garde nationale de Montauban,
par *Simonet*; superbe ép., dédié à l'armée
bordelaise.

158 Plan du champ de Mars, pour la confédération,
14 juillet 1790.

159 Vue perspective du champ de Mars, jour du
serment civique, 14 juillet 1790; superbe pièce
en couleur, par *Chapuy*.

160 Vue générale de la Fédération, prise à vol d'oi-
seau; in-fol., d'ap. *Cloquet*, superbe ép.

161 Pacte fédératif des Français, par *Girardet*; in-4,
superbe ép.

162 Vue du champ de Mars, au moment ou le roy
prononce le serment; in-fol. en longueur, en
couleur, par *Janinet*, très-belle ép., rare.

163 Vue de l'autel de la Patrie, au moment où M. de
Lafayette prononce le serment; superbe pièce en
couleur, in-fol. en hauteur, par *Le Cœur*, magnifique ép., charmants costumes.

164 Première et deuxième frises de l'arc de triomphe,
élevé au champ de Mars, pour la fédération.
2 p., par *Massard*.

165 Vue de la prestation du serment civique; in-fol.,
superbe ép.

166 Barrière des Champs-Elysées, 1er mai, suppres-
sion des droits d'entrée; grand in-fol., en coul.,
superbe ép., marge.

167 La France, figurée sous un globe et soutenue
par le peuple, emblème des 3 ordres; octogone,
en bistre, superbe.

168 Abus à supprimer : voiture de l'époque, colorié,
rare.

169 Le Triomphe des trois ordres, sur un char con-
duit par Mercure; belle pièce coloriée.

170 Vox populi, Déménagement du clergé, Fonda-
teurs et martyrs de la Liberté; 3 p. col.

171 Le Temps passé; Citoyen actif, Citoyen passif;
Tôt tôt tôt, battez chaud. 3 p. coloriées.

172 J' savois bien qu' jaurions notre tour, l'Enrôle-
ment de trois religieux, Bon nous voilà d'accord.
3 p. coloriées.

173 Chantons, célébrons la réunions des trois ordres,
J' suis du tiers état, et autres. 4 pièces.

174 Vainqueur de la Bastille, Sans-culotte du 10
août, Représentant du peuple, Garde nationale.
4 p. coloriées.

175 Le Dégraisseur : Ah ! que de taches ! ne retournez
pas dans votre département. Pièce à l'eau-forte
en bistre, très-rare.

176 Les Grâces poissardes, Nos modernes Amazones
2 p. coloriées.

177 L'Ane magistrat. — A beau prêcher qui n'a le
cœur de bien faire. 2 p.

178 Intérieur du comité révolutionnaire ; in-fol.

179 Tableaux des assignats, planches différentes et
compositions différentes ; 4 assignats de 500 fr.
etc. ; 13 p.

180 La joyeuse Sortie, grande et belle pièce avec
explication extraite du journal, 1814, coloriée.

181 La même en noir et coloriée, sans explication.
2 p.

182 Pièces historiques diverses, époque de la révolution, et autres. 12 p.

183 **Caricatures**, sur les cosaques, les Écossais,
les Anglais, rats de caves, calicots, etc. 14 p.
coloriées.

— La Fleur de la chevalerie en goguette, le
Gâteau des Rois, le Mât de cocagne, suite du
mat de cocagne, chute des Bourbons, Boussole,
Billard politique, etc. ; 9 p. coloriées.

184 Le Triomphe des armées françaises : le général
Bonaparte déchire la carte d'Allemagne. Belle
pièce par *Monsaldi*.

185 Description des cérémonies et fêtes pour le mariage de Napoléon et Marie-Louise, avec figures au trait d'après *Percier* et *Fontaine ;* 13 planches et texte, in-fol., cahier.

186 Cérémonies et fête du sacre et couronnement de Napoléon et Marie-Louise. 7 p. in-fol. en coul., par *Le Cœur*, et texte cartonné.

187 Pièces historiques et caricatures sur la Belgique: Siège d'Oudenarde, les Despotes de Downing street, le Capucin de Falmague, Gand, le Général Bender, Expédition ridicule des moines, et autres pièces curieuses. 23 p.

188 Le Déjeuner, jolis costumes d'incroyables ; coloriée.

189 Vente publique des filles. — La Loterie des amoureux. 2 p.

190 La Boutique de Martinet, le Maître et l'Elève, la Folie du jour, Feu d'artifice, le 14 juillet 1801. 4 p.

191 Gall consulté par Pitt, le Docteur Galimatias. 2 p. coloriées.

192 La Mort de l'amiral Byng. — Exécution de Lord Ferrets à Tyburn. 2 p.

193 George se dépite et signe enfin la paix générale. très-belle pièce in-fol.

194 La quadruple Alliance, ou la liberté des mers, belle pièce ; Délibération à l'anglaise ; la grande Expédition de Pitt, the Theatrical Bubble. 5 p., noires et coloriées.

DESSINS

195 ANONYME. Petit satyre présentant une pomme
à un autre enfant et pendant.

196 ASLELYP et Koster, 1762. paysages à l'encre
et bistre, 3 dessins.

197 BÉGA. Etudes de femmes et d'hommes, crayons
noir et blanc. 11 p.

198 BLONDEL. Ruines d'architecture, au bistre et
autre. 2 p.

199 BOUCHER (Genre). Académie d'hommes et
de femmes, sanguine. 7 p.

200 BRANDT. Fleurs, Pavots, Pivoines. 2 aquarelles.

201 BRIL (P.). Ruines et Paysages. 3 p.

202 — Paysages à la plume et aquarelle. 4 p.

203 BRUSSEL (Van). Groupes de fruits. 2 belles
aquarelles.

204 CARP (J.-H.), 1822. Chaumière de plaisance
dans un parc. Jolie aquarelle.

205 CATE (H.-G. Ten.). Débarcadère, avec cha-
loupe à voile. Aquarelle.

206 CRESANT, (Jacq.). Cartouches et ornements
très-beau, genre rocaille, etc. 16 p.

207 CUYLEMBOURG, 1813. D'après Eeckhout, 1663.
Sujet biblique. Grande et belle aquarelle.

208 CUYP (J.-G.). 3 dessins au bistre.

209 DALENS (D.). Jolis paysages à l'encre. 11 p.

210 DYCK (A.-V.). Vierge et Jésus, étude de tête
d'homme. 2 dessins, crayons noirs.

211 ECKHOUT. Paysages et autres; sujets chinois
et scènes de supplices. de sauvages, etc., par
Konning. 20 p.

212 ECOLE ESPAGNOLE. 2 têtes sanguines.

213 ELLIGER (O.). Sujets historiques, mythologiques, Histoire ancienne, Mort de César, etc.
27 p. à l'encre de Chine.

214 EVERDINGEN. Paysages à la plume, bistre,
etc. 8 p.

215 GOLTZIUS. Groupe des Saisons, tête d'homme.
2 dessins crayon noir.

216 GOYEN (J.-V.). Paysages, Chaumières, etc.
6 p.

217 GRAAF (Josua de). Etang dans un Parc, avec
statues, et par autres. 3 dessins à l'encre.

218 HACKERT. Paysage étendu à l'encre.

219 JANSON. Paysage, aquarelle.

220 — Paysages à l'encre et aquarelle. 4 p.

221 JONGE (R.-A. de). Tulipe, Renoncule, Pensées,
Balsamine, Roses, Lys jaunes et Pois de senteur,
fuchsia, etc. 12 aquarelles.

222 — Bouquet de quatre Tulipes différentes. Sup.
aquarelle.

223 — Iris bleu. Superbe aquarelle.

224 — Tulipes et autre, et par Weidner. 3 aquarelles.

225 — 1835. Groupe de Fleurs et Fruits. Superbe
aquarelle.

226 — Iris, Rose trémière, Capucines, etc. 3 aquarelles.

227 — Bouquet de Fleurs dans une carafe. Aquarelle.

228 — 1856. Bouquet de Fleurs dans un vase. Aquarelle.

229 — Etudes de Roses trémières et autres. Aquarelle.

230 — Bouquet de Fleurs dans un vase. Aquarelle.

231 KOCKKOCH (B.-C.). Études de troncs d'arbres, différents. 6 aquarelles.

232 LAIRESSE. Luyken, etc. 12 dessins.

233 LANCRET (attribué à). Etudes de figures d'hommes, au crayon noir et la plupart à la sanguine. 21 p., sera divisé.

234 LIENDER. Paysages à la plume et encre. 6 p.

235 MIERIS le jeune (F.). Statuettes d'Enfants vues sur différents côtés, représentant allégoriquement l'Agriculture, la Marine, les Sciences, la Guerre. 12 piéces à l'encre.

236 MOLENAER. La Femme malade, belle composition. Aquarelle.

237 — Groupes de figures. 4 p. à la plume, etc.

238 MOREELSE (P.). Têtes sanguine. et autre. 3 p.

239 MOUCHERON. Nymphes faisant de la musique. Nymphe avec un vase de Fleurs et paysage. 3 aquarelles. Paysage à l'encre d'Huysmans de Malines. 4 dessins.

240 OS (Van). Etudes de moutons, crayon noir. — Marine, de V. de Velde. Sanguine.

241 OSTADE. Tabagie, Combats de paysans. 5 p. à la plume et autres.

242 ROBAST (P.-A.). Les vieux Avares. Belle aquarelle.

243 STRY (A.-V.). Etudes de figures d'hommes et de femmes à la sanguine et crayons noir et blanc. 5 p.

244 UPPINK (W.). Beaux et riches paysages avec figures, bestiaux, chaumières, ruines, parties de forêt, etc., à l'encre de Chine, et au bistre. 72 dessins de différents formats, seront divisés.

245 VERKOLJE. Portrait d'artiste, esquisse à l'huile; portrait de femme à l'encre de Chine, très-terminé, et autre. 3 p.

246 VINKELES. Les Amants surpris, joli dessin au bistre, in-8, pour vignette d'ouvrage, et costume, hommes et femmes allant à la messe, gravé. 2 p.

247 VLIEGER (Simon de). Etudes de bateaux et détails d'objets de Marine, etc. 2 dessins à la plume et encre.

248 ZACHTLEVEN. Vues d'intérieurs, à l'encre, etc. 4 p.

249 ZEEMAN (R.). Marine, calme; à l'encre.

250 Environ 165 dessins par Blomme, Backer, Breughel, Kessel, Molyn, Stork, Victor, Waterlo, Th. Wyck et autres; seront divisés.

Renou et Maulde, imprimeurs de la Compagnie des Commissaires-Priseurs
rue de Rivoli, 144.   28798